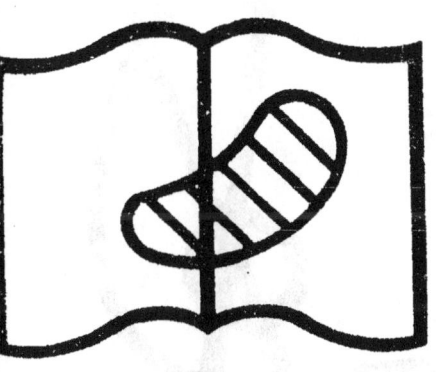

Illisibilité partielle

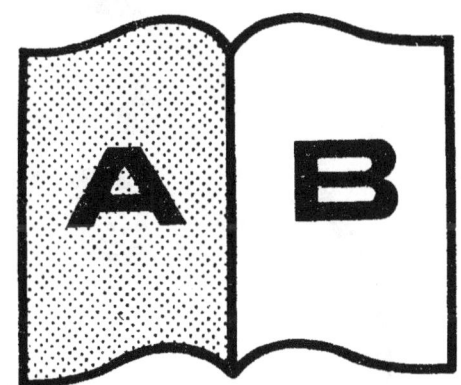

Contraste insuffisant
NF Z 43-120-14

Valable pour tout ou partie
du document reproduit

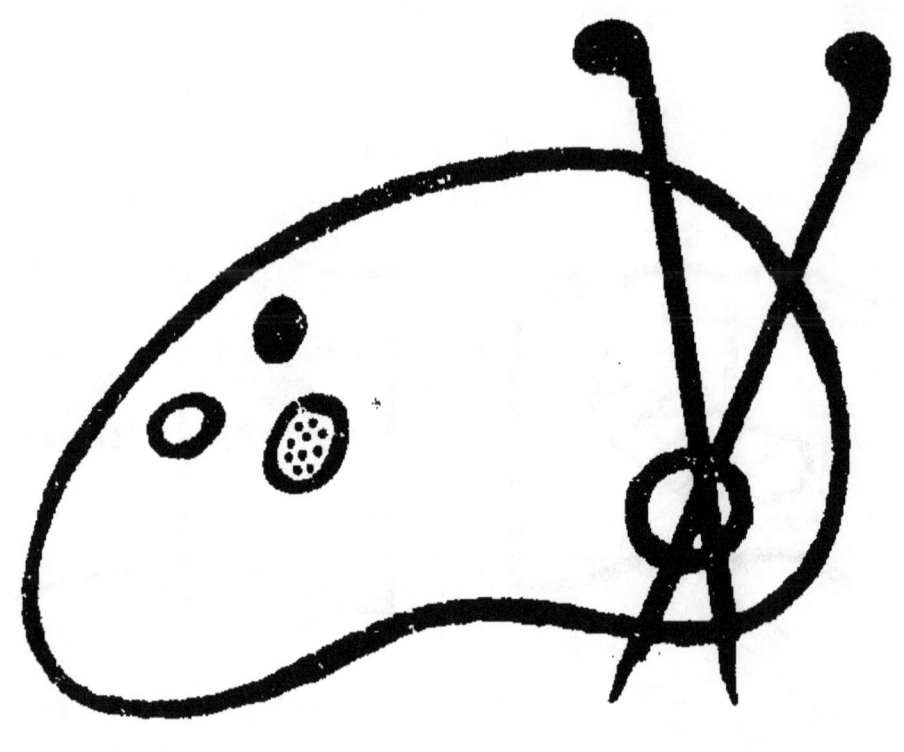

Original en couleur

NF Z 43-120-8

NOTICE HISTORIQUE

SUR

LE COUVENT DES CAPUCINS

DE ROMANS

PAR

Ulysse CHEVALIER

Docteur-médecin.

Extrait du Bulletin de la Société d'Archéologie et de Statistique de la Drôme.

VALENCE
IMPRIMERIE DE CHENEVIER ET CHAVET
Rue Saint-Félix, 30.

1866

NOTICE HISTORIQUE

SUR

LE COUVENT DES CAPUCINS

DE ROMANS.

Les Capucins étaient des religieux réformés de l'ordre de saint François (1), ainsi nommés de la forme particulière du capuchon dont ils se couvraient la tête. Leur habillement grossier, de couleur roussâtre, ceint d'une corde à nœuds, était celui des pauvres de la Calabre, patrie de leur fondateur. Ils avaient les jambes nues, portaient des sandales, se rasaient les cheveux en forme de couronne et laissaient croître leur barbe. Ils ne faisaient point usage de linge, soit pour se vêtir, soit pour dormir. Ils ne pouvaient rien posséder, ni rentes, ni biens-fonds qui fussent affermés. Un laïque, sous le nom de *procureur-syndic*, gérait leurs intérêts. Institués en Italie en 1525, ils furent introduits en France sous Charles IX. Pratiquant jusqu'à leurs dernières limites la pauvreté et le dévouement, ils enseignaient, par l'exemple d'une vie austère, la résignation, à une époque où la misère était le lot du plus grand nombre. Aussi étaient-ils beaucoup aimés des gens du peuple et des paysans. Traités avec familiarité, plaisantés même, ils en obtenaient néanmoins les objets nécessaires à leur subsistance. Toujours

---

(1) Cet ordre religieux, dont nous ne nous occupons ici qu'au point de vue du passé, n'a pas disparu. Il en existe de nos jours à Crest une communauté assez nombreuse.

dévoués, ces religieux rendaient de nombreux services : ils prêchaient, catéchisaient et confessaient dans les plus humbles paroisses; ils portaient des secours dans les incendies, soignaient les pestiférés et, dans toutes les calamités publiques, se montraient toujours où il y avait le plus de dangers.

Les habitants de Romans, qui avaient eu, en diverses circonstances, l'occasion d'apprécier le mérite de ces bons religieux, résolurent, à la suite des prédications de carême de 1609 faites par les PP. Antoine de Tournon et Raphaël d'Arlay, de fonder dans leur ville un couvent de Capucins, et de lui donner sur le coteau de *Chapelier* l'emplacement de la citadelle qu'on venait de démolir.

Ce coteau s'élève, à l'ouest de Romans, dans l'angle formé par le torrent de la Savasse et l'Isère. Il est limité au nord et au sud par des escarpements et descend vers la ville par une pente rapide. La crête de cette colline portait, à une époque très-reculée, une chapelle érigée sur les ruines d'un temple païen. Elle fut incendiée en 729 par les Maures d'Afrique, qui remontaient l'Isère pour aller chercher un refuge dans les Alpes. Cet oratoire, sous le vocable de saint Romain (*ecclesia sancti Romani*), aurait, d'après plusieurs étymologistes, donné son nom à la ville (*villa de Romanis*) qui se forma autour de l'abbaye de Saint-Barnard. Quoi qu'il en soit, reconstruite et agrandie à une époque inconnue, la nouvelle chapelle devint, avant le XIIIe siècle (1), le siége d'une paroisse dépendante de la mère-église et desservie par un curé. Dévastée en 1562 par les protestants, qui s'en étaient emparés pour y faire leurs exercices, l'église de Saint-Romain fut démolie en 1794.

---

(1) La charte N.° 11 *bis* du *Cartulaire de Saint-Barnard*, à la date présumée de 995, porte la restitution de l'église de *Saint-Romain*, avec ses dépendances, ainsi qu'un port et un moulin, à la basilique de *Saint-Pierre* de Romans, par Silvion de Clérieu, qui donne *de his quæ jam olim ab eadem ecclesia ablata fuerant*. Il est parlé de Saint-Romain dans une sentence rendue par Jean de Bernin, archevêque de Vienne, le 22 novembre 1228, au sujet des appentis (*pessulæ*) qui étaient hors la porte de *Fonte-Sort* (*Fons thesauri*), près de Saint-Romain en Chapelier. Enfin, dans une charte du 9 août 1259 figure Mre Pierre Seguin, *chapelain* de Saint-Romain, etc.

La position dominante du coteau de Chapelier le désignait naturellement pour recevoir une citadelle (1), complément ordinaire, au moyen âge, de toute ville fortifiée. Ainsi en jugea, en 1587, Balthazar de Flotte, comte de la Roche, gouverneur de Romans, que M. Dochier (2) qualifie assez justement de « militaire » sans talent, ambitieux sans caractère, politique maladroit et » d'une fidélité chancelante ». Profitant, au milieu des troubles religieux, d'un pouvoir que le roi lui avait confié, il s'empara de toute l'autorité dans la ville, puis fit construire, par les habitants et à leurs dépens, une citadelle avec six bastions, et abattre pour la découvrir 268 maisons. Commencée en 1587, la forteresse était construite en 1597. De La Roche, corrompu par Simiane d'Albigni, résolut de la livrer aux troupes de Savoie et d'Espagne qui s'avançaient en Dauphiné. Cette trahison ayant été révélée, la chambre des vacations du parlement et un grand nombre de notables de Romans s'assemblèrent dans la nuit du 19 octobre et nommèrent Saint-Ferréol pour défendre la ville. Assiégée dès le lendemain, la citadelle capitula le 25, et le 27 il fut décidé qu'elle serait rasée. Le peuple mit beaucoup d'ardeur à cette besogne. Tout était démoli en 1609, lorsque les Romanais résolurent d'appeler des religieux Capucins. Cette demande fut accordée par le chapitre provincial tenu au mois d'octobre de cette année, à Dijon, sous la présidence du R. P. Natal de Pupetières.

Afin de donner suite à cette résolution, le provincial et quatre *fabriciens*, les PP. Abondicia de Como, Joseph de Dreux, Laurent de Salins et Jacques de Châtillon se transportèrent à Romans, et, en signe de prise de possession, plantèrent la croix, le jour de la Toussaint 1609, dans un jardin assez spacieux,

---

(1) Par le concordat passé le 31 juillet 1344 avec le pape Clément VI, le dauphin Humbert II fut autorisé à faire construire dans Romans une forteresse. Il en est question à l'art. 86 des priviléges accordés en 1345 par ce prince : *in castro nostro quod fieri et ædificari facimus in Chapelesio*. Dans son testament, fait à Rhodes le 19 janvier 1347, Humbert donne à sa femme ce château-fort, qui, du reste, n'a jamais été achevé.

(2) *Mémoires sur la ville de Romans*, p. 199.

droche la grande muraille de la ville, que leur donna un pieux gentilhomme, M. Laurent Mistral. Le P. Joseph de Dreux et Christophe de Givors, frère lai, furent chargés de veiller à la construction de ce couvent. On les logea provisoirement aux frais de la ville, dans une petite maison près du pont de la Presle. Le 18 avril 1610, l'archevêque de Vienne, accompagné de son suffragant, posa avec beaucoup de solennité la première pierre de l'église, à laquelle on donna pour patronne sainte Marie-Magdeleine. Cet édifice fut consacré le 19 août 1617 par Jean de La Croix, évêque de Grenoble, avec la permission de son métropolitain. Des lettres patentes du roi, de décembre 1610, permirent aux Capucins de bâtir un couvent à Romans, pour en jouir à perpétuité, au lieu et place de la citadelle, avec exemption des lods et portant amortissement.

On choisit parmi les principaux de la ville plusieurs fabriciens, qui furent chargés d'avoir la direction et la surveillance des travaux de construction. Ce furent MM. Bonnet, sacristain du chapitre; Chosson, chanoine; Desouche, premier consul; Guérin, juge royal; Ricol, avocat; Vincent Servonet, et Pierre Lhoste, capitaine de la ville. M. Arnoux de Loulle accepta la charge de syndic pour recevoir les aumônes et faire les dépenses.

Les travaux, retardés par les troubles politiques et les mouvements de guerre, marchèrent avec lenteur. La veille de Sainte-Magdeleine 1611, quatre religieux purent néanmoins se loger dans le nouveau bâtiment, et le jour de la Toussaint 1612, le P. gardien, Joseph de Dreux, avec *la famille*, entra dans le couvent pour y exercer les fonctions religieuses. On y établit le jour même la clôture perpétuelle.

Les bâtiments se composaient d'un corps de logis faisant face à l'Isère, qui avait une longueur de 23 toises, d'une église spacieuse placée au nord, près de l'entrée, et d'une aile centrale de 9 toises de longueur, se dirigeant vers l'ouest. Le claustral, borné au couchant par le rempart et au sud par une terrasse dominant la rivière, avait une superficie de cinq sétérées, dont trois et demie représentaient l'emplacement de l'ancienne citadelle, une sétérée et demie provenait d'achats de plassages et jardins, au nombre de vingt, faits à divers particuliers, du 19 novembre 1609 au 12 avril 1612. Les paiements de ces terrains, d'un prix assez minime, furent faits des deniers donnés par aumône et charité par noble Henri Guérin, juge royal de Romans.

Les PP. Capucins avaient conservé avec reconnaissance les noms des principaux bienfaiteurs qui ont contribué à l'établissement de leur couvent : « Ils en ont fait mémoire, afin de prier » Dieu pour leurs âmes. » Dans cette longue et intéressante liste figurent, pour des sommes importantes, les autorités ecclésiastiques et civiles, et ces honorables familles de Romans que l'histoire locale est habituée de rencontrer en tête de toutes les bonnes œuvres de cette époque.

L'archevêque de Vienne fit don de 50 écus (1); l'évêque de Grenoble, Jean de La Croix, en envoya 400; la ville de Romans céda pendant quatre années les droits et revenus dus à l'abbaye de *Bon-Gouvert* (2), estimés 800 livres; Félix de Chevrières, conseiller au parlement, donna 50 écus; François Coste, audi-

---

(1) En 1612, l'*écu* valait 3 livres; la *livre* : 1 livre, 15 sols, 3 deniers, et le *franc* : 1 livre, 1 sol, 4 deniers.

(2) Sous le nom d'abbaye de *Bon-Gouvert* (des plaisants disaient de *Mau-Gouvert*) existait à Romans une joyeuse société, sorte de confrérie, qui avait à sa tête un *abbé*, trois *commis*, un *contrôleur* et un *trésorier*. Les membres se distinguaient en *moines* et *novices*. Elle prélevait un tribut sur les mariages dont la liste lui était communiquée par les curés des paroisses, qui recevaient pour ce soin un chapeau avec un cordon de la valeur de 3 livres, 15 sols. En retour de ce droit, l'abbaye de *Bon-Gouvert* prenait une part active à toutes les réjouissances publiques et même aux fêtes de famille. Elle avait à sa solde des violons et des tambours qui donnaient des aubades aux autorités et aux nouveaux mariés, qui faisaient danser les novices pendant le carnaval et jouaient aux *branles des chambrières*. La société *accoutrait* la plate-forme de l'hôtel-de-ville, plantait le *mai* sur la grand'place, distribuait des *écharpes* de soie aux dames et aux demoiselles les plus distinguées de la ville; enfin, elle resserrait les liens de la confraternité dans de fréquents banquets. Toutefois, les devoirs religieux n'étaient point mis en oubli : une somme de 8 écus était payée chaque année à l'église de Saint-Barnard pour le prédicateur de carême. Les comptes, arrêtés le 10 février 1605 en présence des consuls, constatent que la recette de l'année écoulée avait été, pour 75 mariages taxés, de 562 livres, 11 sols, et la dépense de 555 livres, soit un boni de 7 livres, 11 sols.

teur des comptes, avec sa famille, 1000 francs; Gaspard Jomaron, contrôleur des guerres, 150 écus; Charles Jomaron, avocat, 100 francs; Henri Guérin, juge royal (1), 320 écus; Laurent Mistral, le jardin où fut plantée la croix; Charles Veilheu, auditeur des comptes, 100 écus; sa sœur Antoinette, 100 livres, un calice et des ornements d'autel; Antoine Ricol, juge de Romans, 100 livres et des vitraux pour l'église; Balthazar de Rougemont, 100 écus; Jean Guigon, 150 livres; Vincent Servonet, 100 livres, etc. Une mention particulière est due à la noble famille de Loulle. Arnoux, son fils et son petit-fils, furent successivement procureurs-syndics du couvent, pour lequel ils s'employèrent activement, donnant et avançant dans ce but de fortes sommes. La vénérable Hélène Tardy, veuve de Pierre de Loulle, laissa au même couvent 600 livres et de riches ornements, ainsi que l'usage de la grande tapisserie qu'elle avait léguée à l'église de Saint-Barnard (2).

De son côté, l'autorité était venue en aide aux PP. Capucins. Elle leur avait accordé la franchise pour les lettres, celle pour un minot de sel, pour vingt quintaux de beurre, pour les draps tirés de Montélimar, pour les ornements d'église achetés à Lyon, pour le pied fourché et pour les droits d'octroi et autres dont les communautés religieuses étaient généralement exemptes. Ils avaient, en outre, la permission de prendre du bois dans la forêt de Chaix.

Les Capucins, ne possédant rien et ne vivant que d'aumônes, étaient autorisés à faire des quêtes. Un frère, qui avait été chargé de cette fonction pendant plusieurs années, rédigea une instruction dans laquelle il indiquait les époques les plus opportunes, l'itinéraire à suivre, les maisons charitables où l'on

---

(1) Son fils se fit capucin. Il fut, sous le nom de Melchior de Romans, deux fois gardien de ce couvent, en 1654 et 1658.

(2) Les tapisseries de haute-lisse, représentant les mystères de la Passion, que l'on a vues, jusqu'à nos jours, servir de tentures dans le chœur de la même église, avaient été léguées, en 1701, par l'abbé de Lesseins, sacristain du chapitre.

pouvait loger et déposer les aumônes recueillies : celles-ci consistaient principalement en laine, huile et fruits. Il était recommandé de ne pas faire de grands amas de fruits, parce que leur conservation est difficile.

Les PP. Capucins ont fourni de nombreux prédicateurs. Parmi eux plusieurs se distinguèrent par leur doctrine et leur éloquence. On a longtemps conservé à Romans le souvenir des PP. Marcellin de Pont-de-Beauvoisin et Bonaventure de Lyon, qui tinrent pendant plusieurs années la chaire de Saint-Barnard, et surtout du P. Archange, qui fut chargé des conférences pendant la grande mission à la suite de laquelle on planta une croix contre la tour de l'horloge. Ces mêmes religieux montraient aussi pour recevoir les confessions une aptitude et des qualités qui leur avaient acquis la confiance des fidèles. En 1639, la confession des séculiers fut autorisée dans les couvents de Romans, à l'instance de l'archevêque de Vienne et de M. de Claveyson, gouverneur de la ville, qui en avaient écrit au chapitre provincial. Les monastères de Sainte-Claire, de Sainte-Ursule et de Sainte-Marie avaient les Capucins pour confesseurs. Il y eut, le 12 août 1747, entre ces Pères et l'abbesse de Sainte-Claire M*me* Jeanne de La Croix de Monteizet, un traité d'union spirituelle.

Les Capucins de Romans avaient reçu autorité et licence pour recevoir les abjurations et donner l'absolution du cas d'hérésie. Les rapports fréquents et familiers qu'ils entretenaient avec les gens du peuple leur permirent de faire de nombreuses conversions dans cette classe et parmi les soldats. Ils délivraient, après la cérémonie, des certificats signés par eux et par des témoins, attestant que la personne convertie était revenue de son plein gré dans le giron de l'Église et qu'elle avait demandé d'abjurer.

Le noviciat de Romans fut approuvé dans l'assemblée tenue le 10 mai 1661 au grand couvent de Lyon. Les novices, issus d'ordinaire des classes peu aisées, n'apportaient guère, lors de leur prise d'habit, au-delà de la somme nécessaire pour faire face aux dépenses premières, qui n'excédaient pas 90 livres.

En 1691, le P. Marcellin de Saint-Nazaire, envoyé de Grenoble pour être gardien, amena le reste de ses novices à Romans, où ils achevèrent leurs études. En 1715, le couvent reçut encore cinq novices de Grenoble.

A partir de 1661, quelques constructions et améliorations furent faites au couvent. Cette année même, le P. Natal de Grenoble fit bâtir le dortoir. En 1686, le P. Bernard d'Oulx, vicaire, termina le chemin de la montée qui vient de la ville et planta l'allée de tilleuls du grand jardin. En 1702, on remania la distribution intérieure de la maison et on construisit la belle terrasse qui regarde l'Isère et d'où l'on jouit d'une vue agréable et très-étendue. En 1716, la chapelle de la Sainte Vierge fut rétablie et le chœur de l'église parqueté en bois de chêne ; le tout payé par les bienfaits des missionnaires.

Les Pères de la Charité, pour arriver à leur vigne, sur le coteau de Chapelier, se servaient d'un chemin très-rapide qui prolongeait la rue Montolivet. Un autre chemin beaucoup plus doux ayant été ouvert, ces religieux poussèrent leur clôture vers la nouvelle voie, plantant une haie qu'ils remplacèrent, en 1706, par un mur dans lequel ils pratiquèrent une nouvelle porte. Les PP. Capucins se plaignirent de cet empiétement. Il y eut entre eux et les FF. de Saint-Jean-de-Dieu un échange de paroles assez vives. Ces derniers eurent d'abord gain de cause devant le juge de Romans, mais ils furent condamnés en appel par un arrêt du mois de mars 1708. Les parties finirent par s'en remettre à l'arbitrage d'amis communs dont la décision rendit le mur mitoyen. Cette transaction fut approuvée le 18 et le 19 août 1715 par les provinciaux respectifs.

Les constructions du couvent étaient à peine achevées, quand un événement imprévu y causa de graves dégâts. Le 23 juin 1720, la foudre tomba sur le clocher et le ruina. Le feu descendit à la bibliothèque, où il dispersa des livres, brûla des cadres de fenêtres et arracha des pierres de la muraille. Il renversa ensuite un jeune homme qui sonnait la cloche et une femme qui priait dans l'église. Ces deux personnes foudroyées restèrent plusieurs heures sans connaissance. L'agent électrique fit le tour de l'autel, dédorant deux cadres. Il réduisit en poudre trois poutres à la chambre du quêteur et rompit un pan de muraille dans le presbytère, etc. Une quête faite par MM. Bodon et Duclos, chanoines de Saint-Barnard, pour réparer ces dommages, produisit cent livres; de plus, les consuls de la ville firent don, pour refaire le clocher, de l'ardoise qui était destinée au pavillon de la porte de Jacquemart (1).

Malgré leur grande humilité personnelle, les Capucins poussaient très-loin l'esprit de corps, l'estime de leur ordre, qu'ils appelaient « le rempart de la maison de Dieu ». Suivant eux, leur origine merveilleuse avait des rapports avec celle de l'église, et leur réforme, « ouvrage de Dieu lui-même, était extrêmement » chère à Jésus-Christ ». Enfin, la vie et les actes des généraux de cet ordre avaient été entourés d'une auréole de sainteté, et aucune autre congrégation n'avait fourni des saints aussi nombreux et aussi parfaits (2).

Aussi, nos bons Pères de Romans profitèrent-ils de la béatification des PP. Joseph de Léonisse et Séraphin de Montgranario pour témoigner par de magnifiques cérémonies combien ils étaient heureux et fiers de voir le catalogue de leur ordre honoré de deux nouveaux saints. Une relation très-circonstanciée de cette fête nous a été conservée par le P. Henry de Vienne, ancien gardien. Nous allons en donner un abrégé, en conservant, autant que possible, le texte un peu enthousiaste de l'auteur.

« La solennité commença le 15 juin 1738 dans l'église, qui avoit été décorée des ornements les plus riches, tant en tapisseries, glaces, lustres et tableaux qu'en argenterie et dorures, dont les habitants les plus distingués avoient dépouillé leurs maisons. L'église étoit comme transfigurée du haut en bas, d'un bout à l'autre, et tous ceux qui y entrèrent admirèrent la symétrie et le bon goût qui avoient présidé à cette décoration.

» A la vue d'une pareille magnificence, toute la ville prit feu, pour ainsi parler. MM. les consuls s'assemblèrent extraordinairement et résolurent de donner cent livres, avec de la poudre

---

(1) Cette particularité confirme le fait déjà indiqué par d'anciennes gravures que les portes de Romans étaient autrefois terminées en pointe et surmontées d'une flèche.

(2) Voir *Annales des FF. MM. Capucins*, par Antoine DE CALUZE; Paris, 1675.

et des cierges. Les quatre monastères de religieuses donnèrent aussi des marques de leur inclination et de leur libéralité : les unes en argent, les autres en denrées. Enfin, les chanoines, sous l'influence de M. de L'Auberivière, leur sacristain, s'associèrent à l'enthousiasme public. La veille du jour de l'ouverture de la solennité, ils firent sonner à midi toutes leurs cloches, et à ce signal toutes les autres églises et toutes les communautés firent sonner les leurs. Sur les quatre heures du soir, MM. de Saint-Barnard s'assemblèrent et, conduits par les PP. Capucins, se rendirent dans l'église du couvent, où, étant arrivés, suivis du corps de ville, de la magistrature, avec les hallebardiers et un grand nombre d'habitants, ils chantèrent un *Te Deum*, et donnèrent la bénédiction du Saint-Sacrement avec beaucoup de solennité.

» Le lendemain 15 du mois de juin, les Capucins revinrent prendre les chanoines au son de toutes les cloches. Ils passèrent la journée dans le couvent et chantèrent une grand'messe, en l'honneur du bienheureux Joseph : M. de L'Auberivière, sacristain de cette collégiale, fut le premier prédicateur de cette solennité. Il fit l'éloge des Capucins avec beaucoup de délicatesse : son estime et son inclination pour eux y parurent avec éclat et sans affectation. Tout le monde applaudit au prédicateur.

» Le 16 juin, les Capucins allèrent, à huit heures du matin, prendre les RR. PP. Cordeliers, qui avoient montré beaucoup d'empressement et d'obligeance, en prêtant tout ce qu'ils avoient de plus riche pour la parure de l'autel et de l'église. Le vicaire de leur maison, nommé Guillemin, fit le second panégyrique du bienheureux Joseph : *magnifice sapientiam tractavit*.

» Le 17, ce fut le tour des RR. PP. Récollets. Les Capucins allèrent les prendre à la porte de Clérieu et les reconduisirent jusqu'à celle de Chapelier. Ils passèrent la journée au couvent et officièrent avec chapes et dalmatiques. Tous leurs novices, au nombre de treize ou quatorze, communièrent à la grand'messe et furent retenus à déjeûner. Le R. P. de La Roche, Minime de la maison de Vienne, prêcha le troisième panégyrique du bienheureux Joseph et s'en acquitta fort bien.

» Le 18, les Pénitents de la ville, qui formoient une confrérie considérable, vinrent chanter une grand'messe, avec beaucoup de justesse et de solennité. Ensuite, s'étant détachés par différentes brigades, ils allèrent dîner à leurs frais, partie dans le jardin sur l'herbe, partie dans une maison voisine : ceux qui n'avoient pas le moyen de le faire et qui composoient le plus grand nombre, trouvèrent à se dédommager dans le réfectoire. Dans l'après-midi, ils chantèrent vêpres ; leurs chants toujours entremêlés de symphonies.

» Le 19, les Pénitents du Péage imitèrent autant qu'ils purent ceux de la ville. Ils passèrent tout le jour au couvent. Un R. P. Minime, arrêté depuis longtemps, prêcha le second panégyrique du bienheureux Séraphin. Il trouva dans son discours le moyen de dédommager les religieux de l'affront que le curé de Saint-Barnard leur avait fait le jour précédent, et c'est là où ce prédicateur parut avoir le plus de voix et qu'il se fit le mieux entendre.

» Le 20, Messieurs du chapitre, toujours sollicités par leur sacristain, firent la clôture de cette solennité de la même manière qu'ils en avoient fait l'ouverture. Ils firent tout le jour leur office ordinaire. Les différentes heures furent annoncées par leur sonnerie, comme s'ils avoient chanté chez eux. Ce fut M. Genissieu, le plus ancien chanoine, qui prononça le panégyrique du bienheureux Séraphin. Il le fit avec beaucoup de justesse, et, quoique les fleurs de son discours fussent un peu fanées, il ne laissa pas d'être du goût de toutes les personnes de bon sens, et, pour ne rien omettre de ce qui regarde l'esprit de dévotion, jamais on ne vit tant de communions faites dans l'église du couvent.

» Venons maintenant à ce qui regarde le corps.

» Les Pères ne pouvoient entreprendre de régaler ni tous les membres du chapitre, ni tous les corps, tant réguliers que séculiers, qui vinrent officier chez eux. On contenta cependant, à cet égard, tous ces différents corps.

» Le 16 du mois, on donna un dîner à M. le sacristain et à cinq ou six de ceux qui l'avoient assisté à la grand'messe. Le *custos custodum* des Cordeliers fut aussi de ce repas. La superfluité n'y parut pas, mais la propreté, l'ordre et la délicatesse s'y trouvèrent par les soins de F. Jérôme de Chabrillant, quêteur, et par ceux du plus habile traiteur de la ville.

» Le 17 du mois, trois Cordeliers, trois Récollets, leur provincial en tête, trois curés et deux religieux de la Charité furent invités. On les servit un peu différemment, mais avec le même ordre et la même délicatesse, tant au repas qu'au dessert, et comme peu après les Capucins reçurent un barbot d'importance avec un brochet accompagné de quelques truites de mise, on conclut sur-le-champ de ne point renvoyer à un autre jour le repas que l'on s'étoit proposé de donner aux RR. PP. Minimes.

» Le 18, qui étoit un mercredi, on n'invita personne, parce que c'étoit un jour maigre et qu'on le savoit.

» Le 19, ce fut le tour de la noblesse de Romans qu'on régala et à qui on associa M. Chaléat, comme premier consul, M. Charvet, de la Presle, qui étoit second consul, et M. Bernon, juge royal de la ville. Leur repas ne fut pas plus magnifique et plus abondant que les autres, mais tous les invités en furent très-contents et très-édifiés, et un dessert, également délicat et magnifique, fut terminé par quatre bouteilles de vin blanc de Frontignan que les deux consuls avoient fait apporter.

» Il ne s'agissoit plus que de faire honnêteté aux particuliers de ce corps qu'on n'avoit pu inviter. Le nombre en fut si considérable que, pendant les six jours de cette solennité, ce fut, matin et soir, comme un flux et reflux continuel dans le réfectoire, sans qu'il y eût aucune confusion ni incommodité. On avoit fait, à la vérité, quelques préparatifs pour cela. On s'étoit muni de quelques daubes, de quelques pâtés, jambons et saucissons. Mais on ne comprend pas comment une si petite provision ait pu suffire à une aussi grande multitude, et que le vin, toujours servi avec abondance, n'ait donné lieu à aucun excès. Enfin, tout le monde convint que des religieux rentés n'auroient pu faire pour cent pistoles ce que de pauvres Capucins avoient fait.

» L'ouverture et la clôture de la fête se terminèrent par une illumination qui se fit à l'entrée de la nuit et par des pots à feu répandus tout le long de la terrasse et sur toutes les fenêtres de la bibliothèque, avec une chandelle allumée sur chaque fenêtre des chambres, entremêlée du son des instruments, de plusieurs fusées et serpentaux, et de quelques décharges de pétards, ce qui donna à toute la ville un spectacle très-amusant. Il est vrai que le premier jour des pétards ayant été déchargés dans le jardin, il y en eut un qui creva et dont l'éclat fit sauter la cervelle à un jeune homme du Péage. Mais, comme on fut aussitôt persuadé que c'étoit son imprudence et son opiniâtreté qui avoient causé ce malheur, cela ne dérangea point la fête. Toutefois, on résolut qu'à l'avenir on ne tireroit plus ni canons ni pétards dans l'enclos.

» Voilà de quelle manière fut célébrée cette solennité. Les nouveaux Bienheureux l'annoncèrent presque d'eux-mêmes longtemps à l'avance. Leur sainteté se répandit; bien des gens les invoquèrent et même prétendirent avoir obtenu par leur intercession l'effet de leurs prières. C'est particulièrement ce qui attira la foule, et que la ferveur du peuple, bien loin de se ralentir par l'excessive chaleur, alla toujours en augmentant, sans qu'il y ait eu une seule personne incommodée. »

Après cette longue et bruyante fête, le couvent rentra dans le calme et le silence, et même depuis, paraît-il, aucun événement digne de mémoire ne vint troubler la vie paisible et régulière du cloître. Chaque année, cependant, avait sa petite émotion. Le P. provincial venait faire la visite de l'église, de la sacristie et des chambres des religieux. Il interrogeait ceux-ci séparément et leur demandait si l'on observait la règle, si l'on donnait bon exemple, si le supérieur local s'acquittait de ses devoirs. Il examinait ensuite les comptes, et finissait par inviter le gardien à continuer son zèle pour maintenir le bon ordre, la paix et la régularité. De tout quoi, le provincial laissait un procès-verbal. La dernière visite fut faite le 2 août 1787 par le P. Jérôme de Gannat.

Au commencement de la Révolution, les Capucins de Romans étaient au nombre de dix : six prêtres, un clerc et trois frères-lais.

Plus heureux que les autres communautés de la même ville, ils obtinrent un répit de près de deux années avant d'être définitivement dispersés. Leur couvent réunissant toutes les conditions exigées par les articles 16 et 17 du décret du 9 septembre

1790, les Pères adressèrent aux membres de l'assemblée du département une demande qui fut appuyée par le conseil général de la ville. Il était indispensable qu'on laissât à Romans la maison des Capucins, parce que : 1° son emplacement sur la pique d'un coteau sans eau n'avait qu'une valeur médiocre ; 2° il restait à Romans quatre couvents de filles, trois hôpitaux et des prisons dont le service spirituel deviendrait impossible sans le secours de ces religieux, et 3° il n'y avait pas dans le département un couvent de Capucins où leur réunion présentât plus d'avantages et moins d'inconvénients. Cette délibération, adoptée à l'unanimité et corroborée par les signatures de vingt-deux religieux du même ordre, qui demandaient à former la conventualité de Romans, fut adressée et recommandée à M. Dedelay d'Agier, membre de l'assemblée nationale. Les comités ecclésiastique et d'aliénation de cette assemblée approuvèrent, le 10 avril 1791, l'arrêté du conseil du département de la Drôme.

En exécution des lettres patentes du roi du 22 avril 1790, l'inventaire des effets mobiliers, titres et papiers du monastère avait été fait, le 20 novembre, par MM. Fayolle et Martignac, administrateurs du district, en présence des RR. PP. Constantin, gardien, et Cezaire, vicaire. Cet inventaire constata un mobilier des plus pauvres. Seule, la sacristie possédait quelques objets en argent, tels qu'un ostensoir, un ciboire et trois calices. Il y avait dans la bibliothèque 352 volumes in-folio, 148 in-quarto, 150 in-octavo, 850 in-douze, outre 300 volumes environ de tous formats.

Le récolement de cet inventaire eut lieu le 10 septembre 1792 par MM. Delolle, président, et Martignac, administrateur du district, et fut reconnu complet, sauf le mobilier des chambres et les outils de jardinage enlevés, le 3 de ce mois, par plusieurs personnes attroupées. Les religieux, ayant évacué leurs appartements et remis les clés, furent déchargés de tous les effets.

Les PP. Capucins possédaient une maison à Romans et un domaine à Peyrins, qui furent vendus nationalement : la maison le 14 janvier 1791, pour le prix de 1,872 livres, et le domaine le 1er février suivant, pour 18,929 livres.

Le couvent, ayant continué d'être occupé pendant quelque

temps, ne fut mis en vente qu'en 1794. On divisa le claustral en quatre lots, et l'ensemble de l'adjudication s'éleva à une somme en assignats représentant seulement 2,400 livres en numéraire. Un des acquéreurs fit démolir l'église et un autre abattre la belle allée de tilleuls, dont le bois fut vendu 600 livres en argent. Aujourd'hui, cet enclos est morcelé entre huit propriétaires qui y ont fait élever çà et là des clôtures et des constructions.

Du séjour des PP. Capucins, il ne reste dans ce lieu d'autre témoignage que deux inscriptions. Elles sont gravées sur deux pierres des remparts, élevées à un mètre et demi au-dessus du sol de l'ancien chemin de ronde, et séparées l'une de l'autre par une distance d'environ quatre mètres.

Première inscription, placée à gauche :

CETTE PLACE QVI AVOIT ESTÉ
CONSTR. EN CITADELLE PAR LE S.
COMTE DE LA ROCHE EN LAN 1588
FVT REDVICTE EN SON PRISTIN
ESTAT PAR ARR. DE LA COVR LE
25 OCTOBRE 1597.

Seconde inscription, placée à droite :

CETTE PLACE IADIS CITADELLE
FVT DONNÉE PAR MESS. DE LA VILLE
DE ROMANS SOVBS LE BON PLAISIR
ET AVTHORITÉ DV ROY AVX PERES
CAPVCINS QVI Y PLANTERENT LA
CROIX LE IOVR DE TOVSS.ts 1609.
A LA LOVANGE DE DIEV SOIT.

Nous ne pouvons omettre, avant de terminer cette notice, un événement qui, par son côté merveilleux, raviva les sentiments de la population en faveur de ces religieux, le dernier jour de leur présence à Romans. Ce fait, dont la tradition s'est conservée dans plus d'une famille, nous l'avons nous-même souvent ouï raconter, dans notre enfance, par des personnes qui nous furent chères.

Les Capucins, on vient de le voir, restèrent en communauté quelque temps après la suppression des autres maisons religieuses. Mais, au moment où ils allaient être contraints d'abandonner leur couvent, l'un d'eux, natif de Romans, interrogé avec sollicitude par ses parents sur le lieu où il comptait se retirer, répondait toujours qu'on n'eût pas à s'inquiéter, qu'il ne quitterait point son monastère. En effet, le P. Perrochet (c'était le nom de ce Capucin) mourut, honoré des regrets de ses frères, précisément la veille du jour où ceux-ci évacuèrent leurs cellules. Ce religieux, qui avait toujours saintement vécu, et qui, comme beaucoup de saints, avait prédit le jour de sa mort, eut à ses obsèques un immense concours de peuple. On s'efforçait de faire toucher à son corps des médailles, des chapelets, des images. Enfin, on coupa, on déchira sa robe funéraire dont plusieurs débris sont encore pieusement conservés.

Ajoutons, en finissant, que les PP. Capucins de Romans ont laissé dans cette ville un souvenir plein d'estime. Humblement soumis à la règle sévère de leur ordre, dévoués à tous les devoirs de leur état, ces pauvres moines avaient échappé au relâchement qui s'était introduit parmi la plupart des autres religieux : la Révolution les détruisit, mais ils n'eurent pas, à leur heure dernière, à se réconcilier avec les hommes et avec Dieu.

www.ingramcontent.com/pod-product-compliance
Lightning Source LLC
Chambersburg PA
CBHW061612040426
42450CB00010B/2455